Norbert Matejek / Günter Lempa

Behandlungs[T]räume

Die Autoren:

Norbert Matejek, geb. 1962, Psychoanalytiker, langjährige Mitarbeit an der Abteilung für Psychotherapie und Psychosomatik des Frankfurter Universitätsklinikums und am Zentrum für Soziale Psychiatrie Bergstraße in Heppenheim. In eigener Praxis tätig. Veröffentlichungen zur Psychodynamik des Lesens und Schreibens. Mitherausgeber und Zeichner des *Forum der Psychoanalytischen Psychosentherapie.*

Günter Lempa, geb. 1953, Arzt für Psychiatrie und psychotherapeutische Medizin, Psychoanalytiker. Langjährige Tätigkeit in psychiatrischen Landeskrankenhäusern und in der Abteilung für Psychotherapie und Psychosomatik des Frankfurter Universitätsklinikums. In eigener Praxis tätig. Veröffentlichungen zur Psychosenbehandlung und Sozialpsychologie des Rechtsextremismus. Mitherausgeber des *Forum der Psychoanalytischen Psychosentherapie.*

Norbert Matejek / Günter Lempa

Behandlungs[T]räume

*Ein satirisch-psychoanalytisches Lehrbuch
in Bildern und Texten*

Vorwort von Stavros Mentzos

Brandes & Apsel

*Auf Wunsch informieren wir Sie regelmäßig über Neuerscheinungen in dem Bereich
Psychoanalyse/Psychotherapie und schicken Ihnen kostenlos unseren Psychoanalyse-Katalog zu.*

Bitte senden Sie uns dafür eine E-Mail an info@brandes-apsel.de

*Gerne können Sie uns auch Ihre Postadresse übermitteln,
wenn Sie die Zusendung unserer Prospekte wünschen.*

*Außerdem finden Sie unser Gesamtverzeichnis mit aktuellen
Informationen im Internet unter: www.brandes-apsel.de*

3. durchgesehene Auflage 2014

*1. Auflage 2001
© Brandes & Apsel Verlag GmbH
Alle Rechte vorbehalten, insbesondere das Recht der Vervielfältigung und Verbreitung sowie der Übersetzung, Mikroverfilmung,
Einspeicherung und Verarbeitung in elektronischen oder optischen Systemen, der öffentlichen Wiedergabe durch Hörfunk-,
Fernsehsendungen und Multimedia sowie der Bereithaltung in einer Online-Datenbank oder im Internet zur Nutzung durch Dritte.
Lektorat: Roland Apsel
Druck: STEGA TISAK d.o.o., printed in Croatia
Gedruckt auf einem nach den Richtlinien des Forest Stewardship Council (FSC) zertifizierten,
säurefreien, alterungsbeständigen und chlorfrei gebleichten Papier.*

*Bibliografische Information der Deutschen Nationalbibliothek:
Die Deutsche Nationalbibliothek verzeichnet diese Publikation in der Deutschen Nationalbibliografie;
detaillierte bibliografischeDaten sind im Internet über www.ddb.de abrufbar.*

ISBN 978-3-86099-223-4

Inhalt

Vorwort von Stavros Mentzos	7
Behandlungs[T]räume	11
Modell Klassik I	14
Modell Klassik II	16
Modell Klassik III	18
Modell Jung	20
Modell Ferenczi	22
Modell Adler	24
Modell Rangell	26
Modell Eissler	28
Modell Klein	30
Modell Winnicott	32
Modell Kohut	34
Modell Balint	36
Modell Lacan	38
Modell Kernberg	40
Modell Sandler et al.	42
Modell Khan	44
Modell Argelander	46
Modell Richter	48
Modell Moser	50
Modell Ulm	52
Modell Mobile analytische Ambulanz	54
Modell Pressure Relief	56
Modell Mentzos	58
Glossar	60

Stavros Mentzos
Vorwort

Über sich selbst lachen oder über sich selbstironisch lustig machen, ist sicher eine bei Psychoanalytikern relativ selten anzutreffende Haltung und Fähigkeit. Dass eine solch humorige Selbstbeobachtung möglich ist und in sehr gelungener Art vorkommen kann, beweist dieses Buch von Norbert Matejek und Günter Lempa mit Texten und Bildern zu psychoanalytischen Behandlungsräumen (die gleichzeitig auch Träume sein können). Beide sind mir aus langjähriger Zusammenarbeit in der Abteilung für Psychotherapie und Psychosomatik des Klinikums der J.W. Goethe-Universität in Frankfurt am Main bekannt. Nicht nur wegen ihrer wissenschaftlichen Kompetenz, sondern wegen ihrer satirisch-kritischen Begabung habe ich sie ziemlich früh schätzen gelernt. Was Günter Lempa betrifft, hatte ich gelegentlich geglaubt, dass es die Eindrücklichkeit des gesprochenen Bayerischen war, die auf mich diese überzeugende suggestive Wirkung auslöste; jetzt stelle ich fest, dass er auch im geschriebenen Text genauso gut in der Lage ist, unser Zwerchfell zu schwer unterdrückbaren Lachkrämpfen zu veranlassen.

Die eindringliche, anschauliche, aber auch gleichermaßen spöttische Bildersprache von Norbert Matejek habe ich schon früher am eigenen Leib zu spüren bekommen.

Als ich Anfang der 1990er Jahre die Abteilung leitete, in der beide Assistenten waren, habe ich einmal in unserer Konferenz, in meiner Bemühung die hochkomplizierten Zusammenhänge des Selbstwertgefühls-Systems anschaulich darzustellen, ein Schaubild auf der Tafel gezeichnet. Es war das 3-Säulen-Modell. Es sah wie ein Hocker mit 3 Beinen aus, jedes Bein, jede Säule präsentierte eine bestimmte Struktur und Funktion. Dieser von mir gezeichnete Hocker blieb auch nach der Konferenz auf der Tafel stehen. Als ich am nächsten Tag in den Raum kam, stand der Dreifuß, der Tripus, noch da. Nur hat mich jemand auf dem Hocker sitzend dazu gezeichnet. Ich wusste gleich aufgrund des unverwechselbaren Stils, von wem die Zeichnung stammte, nämlich von Norbert Matejek. Alles, was an meinem Äußeren durch Übertreibung lächerlich gemacht werden konnte, war da zu sehen, aber eben mit dieser für Matejek charakteristischen Art, also sozusagen mit „Liebe". Darüber stand groß: „Mentzos und sein Tripus!"

Selbstironisch sind die Texte und die Bilder insofern, als die beiden Schöpfer selbst Psychoanalytiker sind. Deswegen sind diese Texte und die Bilder auch eine solch erfrischende und originelle Überraschung. Sie stellen darüber hinaus eine echte Satire dar, eine Satire, die nicht nur die Psychoanalyse, sondern den gesamten postmodernen gesellschaftlichen Rahmen miteinbezieht. Wie ein genuin postmodernes Kunstwerk besitzt diese Sammlung eine zunächst etwas versteckte Multifunktionalität sowie eine den Leser nicht nur amüsierende, sondern gleichzeitig auch nachdenklich machende Vieldeutigkeit. Man wird immer im Unklaren gelassen über die eigentliche satirisch-kritische Aussage. Manchmal weiß man auch nicht, warum man herzlich lachen muss. Ist es die manchmal fast hypomanisch anmutende Assoziationslockerung im Text oder sind es die ebenfalls unerwarteten, oft bizarr skurrilen Einfälle auf den Bildern?

Der geglückte Einfall, eine Art Werbungsband für neu zu erwerbende Behandlungsräume für Psychoanalytiker zu komponieren, hilft übrigens, ein anderes, dahinter stehendes Ziel erfolgreich zu erreichen: Denn in Wirklichkeit, wenn man es genauer betrachtet, geht es nicht nur um eine Satire über Psychoanalyse und Psychoanalytiker. Auf die Schippe wird zudem die kapitalistische Werbung genommen mit dem in ihr enthaltenen pseudowissenschaftlichen Schwachsinn, der übrigens aus Gewohnheit ohne Widerstand und wie selbstverständlich hingenommen wird. Die Texte geben vor, die jeweiligen dazu korrespondierenden Bilder dadurch zu deuten, dass sie Funktionen, Vorzüge und Vorteile der jeweiligen Einrichtungstypen erläutern! Die Absurdität dieser „Deutungen" bewirkt erneutes Lachen, und man könnte vermuten, dass ganz weit hinten der Stachel hier nicht nur die Werbung betrifft, sondern auch psychoanalytische Deutungen als solche, die tatsächlich oft einer Willkürlichkeit, aber auch einer gewissen Absurdität nicht entbehren. Aber nicht mal das ist sicher, wie ja überhaupt eines der Hauptstilmittel des Ganzen darin besteht, die Aussage unentschieden und die beabsichtigte Gewichtung zweideutig zu machen: Anerkennung oder Ironie? Man kann es nehmen wie man will, und ich habe versucht, beides gleichgewichtig zu betrachten und insbesondere den indirekten, zweiten Anteil, also denjenigen, der die psychoanalytische Deutung betrifft, auch als eine ernsthafte Selbstkritik zu verstehen.

Einige der Texte erscheinen zusammen mit den relativ eindeutigeren Bildern ziemlich durchsichtig, so etwa die leichte Karikierung der empirischen Forschung und Qualitätssicherung beim Modell „Ulm". Doch auch hier findet man beabsichtigt oder unbeabsichtigt Details, die Zweifel an einer nur kritischen Intention aufkommen lassen. Die statistische Kurve auf dem Bild an der Wand beim Modell „Ulm" könnte auch etwas romantisch als eine abstrakte Darstellung der Alpen gesehen werden. Bei den meisten Bildern kommt man aber nicht mal so weit mit seinem rationalen Verständnis und der Interpretation, so etwa beim Modell „Richter". Mit der Logik versteht man relativ schwer, warum beim Modell „Richter" das Bild auf der rechten Seite an ein Opernbühnen-Bild erinnert, während in der Mitte Bürger und Staatsgewalt in Konflikt geraten und links ein

Liebespaar einen besonders glücklichen Eindruck erweckt. Und dies alles zwischen SPD links und Solidarität rechts! Auch das exklusive Khan-Modell leistet hartnäckigen Widerstand gegen rationale Interpretationen.

Spätestens an dieser Stelle dämmert einem die eigentliche Bedeutung des Wortes Traum im Titel dieser Sammlung. Die Bilder und die Texte sind einfach unlogisch, verrückt und faszinierend, weil sie gelungene Traumbilder sind, welche zwar hier und da eine inhaltliche Interpretation erlauben, die jedoch vom Ästhetischen her gesehen, rational nicht aufschließbare Botschaften enthalten. Man weiß nicht, was man mehr bewundern und loben soll, die anschaulichen Bilder oder die Tatsache, dass es gelungen ist, ein literarisches Pendant für diese Traumbilder zu finden.

Behandlungs[T]räume

Es war einmal vor über hundert Jahren, als Freud in Wien die Psychoanalyse entwickelte. Die neue Wissenschaft war bald heftigen Angriffen von Seiten der ärztlichen Kollegen und der Öffentlichkeit ausgesetzt. Eines der gängigsten Vorurteile lautete, dass die Psychoanalyse hinter allem etwas Sexuelles vermute. Sogar die höchsten Errungenschaften der Kultur und des Geisteslebens würden ausschließlich als Äußerungsformen der Libido, also des Sexualtriebs, gesehen. Entsprechend spekulierten viele darüber, was in einer psychoanalytischen Behandlung eigentlich vor sich gehe. Da die Therapien hinter verschlossenen Türen ohne Zeugen stattfanden, glaubte man, dass hier Anstößiges getrieben werde. Diese Mutmaßungen brachten die gesamte Psychoanalyse in Verruf.

Freud blickte tief besorgt auf diese Entwicklung, da er wusste, dass einige Schüler tatsächlich sehr waghalsig von seiner Behandlungsmethode abgewichen waren. Er musste sofort reagieren. Es gelang ihm, einige Kollegen aus der psychoanalytischen Bewegung auszuschließen, bevor deren eigenmächtige Abänderungen der Behandlungsmethode bekannt werden konnten. In solchen Fällen erklärte er eine eigentlich unbedeutende Meinungsverschiedenheit zu einer unüberwindbaren theoretischen Diskrepanz. Freud glaubte, mit Hilfe solcher geschickten Manöver das Bild der Psychoanalyse bewahrt zu haben. Jedoch kamen ihm bald neue beunruhigende Gerüchte zu Ohren. Diese kreisten um die Möblierung psychoanalytischer Praxen. Obwohl klar vorgegeben war, wie eine Standard-Praxis-Einrichtung auszusehen hatte, hieß es, dass einige Analytiker dies missachteten.

Freud war schockiert, als er Kollegen besuchte und dabei haarsträubende Möblierungen entdecken musste. Von quälenden Vorstellungen verfolgt, verbrachte er schlaflose Nächte und dachte in dieser Zeit sogar daran, die psychoanalytische Bewegung aufzulösen. Das Problem schien übermächtig: Die Psychoanalyse musste weitergehen, das stand für ihn fest. Aber ebenso stand für ihn fest, dass niemand erfahren durfte, wie vielfältig die Möglichkeiten einer psychoanalytischen Begegnung bereits waren. Man wagt nicht sich auszumalen, was geschehen wäre, wenn nicht das Schicksal in Gestalt seines Schwagers Eli dem armen Doktor Freud zu Hilfe gekommen wäre. Freud hatte seinen Schwager Eli Bernays bislang kaum zur Kenntnis genommen, ihn mitunter sogar herablassend behandelt. Eli hatte sich nie für das interessiert, was den Menschen „im Innersten zusammen hält". Er war praktisch veranlagt und seit seiner Kindheit war er nur von einem besessen: von Holz. Schon früh hatte er unerwünschte Veränderungen am häuslichen Mobiliar vorgenommen. Trotz strenger Ermahnungen kam es vor, dass Eli in unbeaufsichtigten Momenten einen Eichenschrank in ein Spinett und das Ehebett in einen Sarkophag verwandelte. Gleichwohl konnten ihm eine gewisse Geschicklichkeit und seinen Arbeiten ein künstlerischer Ausdruck nicht abgesprochen werden. Um aber künftig unerfreulichen Überraschungen vorzubauen, ließen ihn die geplagten Eltern Isaak Bernays und dessen Frau Emmeline schon früh das Schreinerhandwerk lernen. Bald schloss Eli seine Lehre mit einem bravourösen Meisterstück ab. Er schnitzte das erste Atommodell. Bescheidener begann er dann seine berufliche Laufbahn. Er eröffnete – unweit der Berggasse, wo sich Freuds Praxis befand – eine kleine Polstermöbel-Manufaktur.

Dem zu dieser Zeit krisengeschüttelten Freud kam nun ein Hinweis seiner Tochter Anna zu Hilfe. Sie erzählte ihm, dass bei Schwager Eli im Schaufenster wunderschöne Couchen stünden. Freud wusste nun, was zu tun war. Er ging eiligst zu Eli, um die Psychoanalyse zu retten. Nach heftigen Verhandlungen konnte er seinen Schwager dazu bewegen, eine eidesstattliche Erklärung abzugeben. Hierin erklärte Eli Bernays sich bereit, Praxiseinrichtungen für Psychoanalytiker unter absoluter Geheimhaltung herzustellen und auszuliefern. Freud entbot ihm als Gegenleistung das Möbel-Monopol für alle Mitglieder der psychoanalytischen Gemeinschaft. Das unglaubliche Vorhaben gelang. In einer eilig zusammengerufenen Vollversammlung der psychoanalytischen Vereinigung war die Frage der Praxis-Möblierung einziger Tagesordnungspunkt. Aus illustrierten Mitschriften Stekels weiß man, dass Freud eine flammende Rede hielt. Hierin beschwor er die drohenden Gefahren, falls die tatsächliche Bandbreite psychoanalytischer Interieurs bekannt würde. In der nachfolgenden Debatte konnte der Begründer der Psychoanalyse seine Pläne ohne nennenswerte Gegenstimmen durchsetzen. Jeder Psychoanalytiker war damit fortan auch bei der Frage, wie er seine Praxis einrichtete, der Schweigepflicht unterworfen.

Eli produzierte heimlich Garnitur um Garnitur. Dabei hielt er sich pflichtgetreu an die Vereinbarung mit der psychoanalytischen Vereinigung. Dennoch ließ sich sein Trieb zur Gestaltung von Holz, zu dem sich bald andere Materialien gesellten, nicht unterdrücken. So entstanden unkonventionelle Praxisausstattungen. Da Freud wusste, dass ihm jegliche Kontrolle zu entgleiten drohte, blieb ihm nichts anderes übrig, als sich auf unangemeldete Besuche zu verlegen. Dies sprach sich bald herum. Die Kollegen gewöhnten sich an, Freud in Räumen zu empfangen, die von ihrem Behandlungszimmer möglichst weit entfernt waren. So musste Freud sich einen Trick ausdenken: Während er den Kollegen in ein Gespräch über Fehlleistungen verwickelte, fiel ihm plötzlich ein, dass er kürzlich ein Buch vergessen hatte. Mit dem Ausruf: „Jesses Maria, dös liegt ja bei Ihna auf da Couch!", war er auch schon am Kollegen vorbei gehuscht und hatte sein Ziel erreicht. Die vieldiskutierten Spaltungen und Ausschlüsse von Mitgliedern der Psychoanalytischen Vereinigung fanden jeweils statt, nachdem es Freud erreicht hatte, ihre Inneneinrichtung zu inspizieren. Adler, Rank und Jung wäre der Ausschluss erspart geblieben, wenn es ihnen gelungen wäre, Freud im Vorzimmer ihrer Praxis abzufangen. In späteren Zeiten wurde Lacan die Indiskretion eines Fotografen zum Verhängnis, der sich bei ihm einer Analyse unterzog.

Dies alles blieb der Öffentlichkeit verborgen. Freud gelang es meisterlich, das Bild seines Wiener Behandlungszimmers im Bewusstsein der Weltöffentlichkeit zu verankern. Seine Couch wurde zum Symbol der Psychoanalyse. Nur Patienten, die sich andernorts in Psychoanalyse befanden, waren bei Besuchen in der Berggasse überrascht oder gar erschüttert. Ihr Aufschrei: „So sieht ES also aus, aber wo war ICH dann?!" unterblieb jedoch in aller Regel in Anbetracht des ehrwürdigen und respekteinflößenden Ambientes. So kam es, dass bis heute für den Uneingeweihten Freuds Couch mit der Psychoanalyse assoziiert blieb.

Bis zum Beginn des neuen Jahrtausends blieben psychoanalytische Behandlungszimmer der Öffentlichkeit verborgen. Eine kürzlich entdeckte Klausel im Testament Freuds schafft nun eine völlig andere Lage. Freud bestimmt darin, dass hundert Jahre nach Entdeckung der Psychoanalyse die wahren Verhältnisse ans Tageslicht dringen dürfen.

Damit, liebe Leserin, lieber Leser, können wir Ihnen hiermit erstmalig und exklusiv demonstrieren, wie sich das Interieur der Psychoanalyse in hundert Jahren anhand ihrer prominenten Vertreter weiterentwickelt hat.

Modell Klassik I

Die Grundausstattung besteht aus der Couch *Anna* (Eiche/Brokat) und dem Sessel *Sigi* (Antilope natur). Dieses Environment ist gut geeignet für Patienten mit hochorganisierten Störungen, mit höherem kulturellen Niveau und Hochschulabschluss. Als Accessoires empfehlen wir Figurinen aus unserem Sortiment *Berggasse*. Wie Studien erwiesen haben, scheitern Therapien bei Analysanden mit frühen Störungsanteilen regelmäßig bei dieser analytischen Ausstattung, die sich zu eng an Freuds Prototyp orientiert.
Als nicht uninteressanter Nebenbefund ergaben sich ebenso häufig Misserfolge bei Bartträgern. Wir können allerdings nur Anfängern und Ausbildungskandidaten zu dieser soliden Grundausstattung raten.
Weitere Marktanteile sichern Sie sich durch das Folgemodell.

Modell Klassik II

Diese Form ist bestens geeignet für Symptomneurosen mit mittlerem Bildungsniveau und mittlerer Ich-Stärke. Couch: Resopal mit waschbarem Leinenüberzug. Sessel: Kunstleder. Als passende Accessoires zu *Klassik II* empfehlen wir die Panorama-Tapete *Hawaii* und unser Pokalset *Berti*.

Modell Klassik III

Unser Modell *Klassik III* bietet die Möglichkeit, den Indikationsbereich auch auf vernachlässigte Kunden auszudehnen. Mit diesem Setting werden Erfolge auch bei Modernisierungsverlierern und Patienten, die unter anderen vorübergehenden sozialen Problemen leiden, erzielt.

Der wetterfeste Couchbezug *Berber-Stepp* ermöglicht ein adäquates Attunement (Einstimmen) auf die aktuellen Bedürfnisse des Patienten.
Beachten Sie bitte unseren Bodenbelag *Loser* und unseren Analytikersessel *Aldi-Export*.

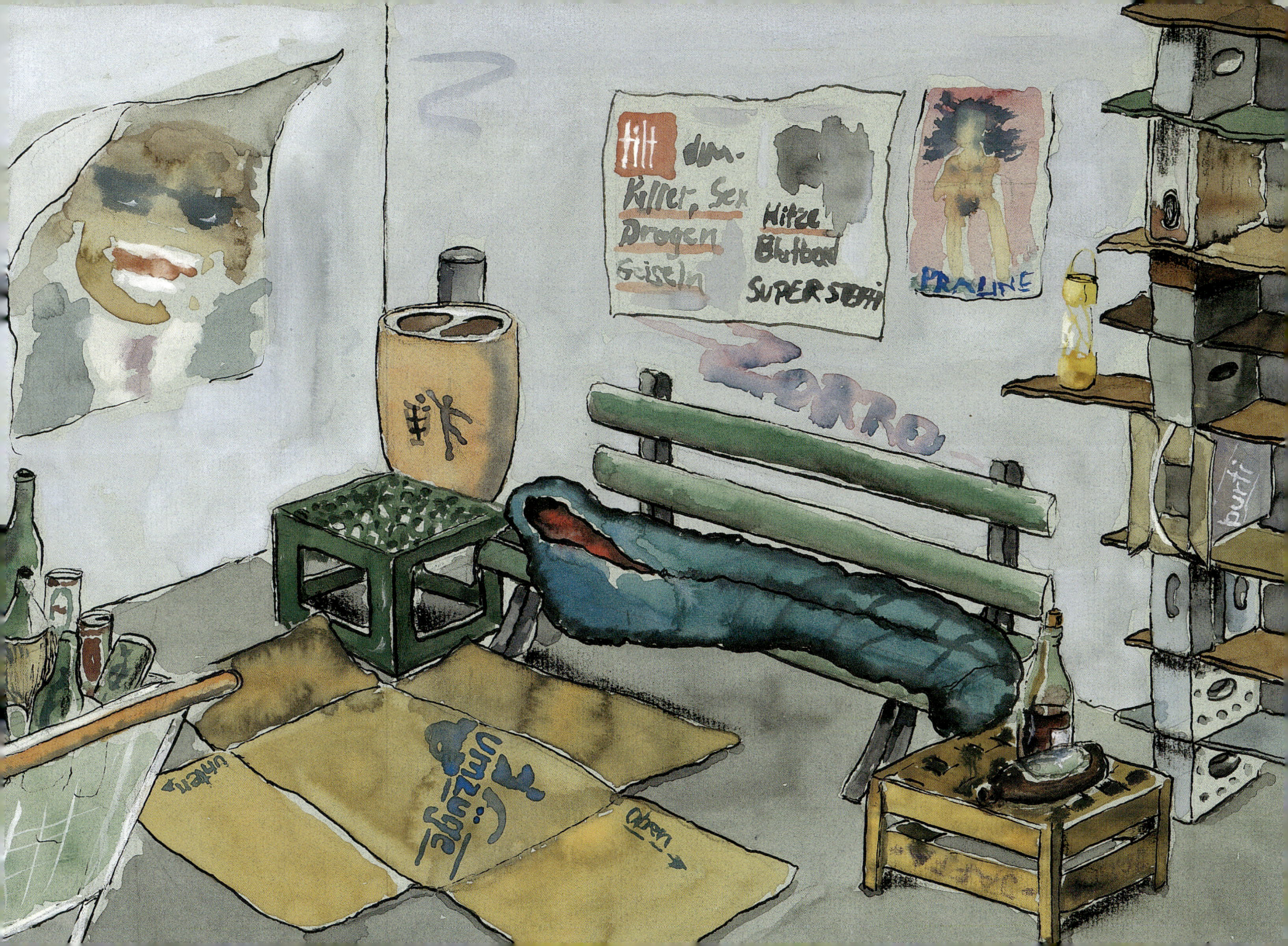

Modell Jung

Diese Einrichtung erlaubt es, recht zügig von den niederen Sphären der Beziehungen und Biografie zu transzendieren und sich den höheren Ebenen der Individuation und der kollektiven Archetypen zuzuwenden. Der abwaschbare Bodenbelag *Trieb-Ex* in klassischer Mandala-Vollrundform schützt die Behandlung in fortgeschrittener Phase vor dem Auftauchen unerwünschter und schmutziger Abkömmlinge des individuellen Unbewussten. Als Assoziationshilfe steht dem Patienten das Mobile *Ying & Yang & Yung* zur Verfügung. Beachten Sie bitte am rechten Bildrand die Designer-Lampe *Persona* mit passendem Schatten. Das Original-Ölbild *Müsli-Schwur* im Hintergrund hilft dem Analytiker, sich gegen den Mainstream der Psychoanalyse zu behaupten.

Modell Ferenczi

Patienten, die auf die klassische Deutungskunst und die darin enthaltene Hierarchie der Erkenntnis allergisch reagieren, fühlen sich auf der Doppelcouch *Sandor* verstanden und geborgen.

Durch mutuelle Analyse gelingt die Überwindung auch hartnäckiger Widerstände, wobei Details in der Ausstattung die drohende Sprachverwirrung zwischen Analytiker und Patient verhindern.

Modell Adler

Steht auf Patientenseite Eitelkeit oder übertriebenes Geltungsstreben im Vordergrund, empfiehlt sich unsere Kombination *Adler*. Die kompensatorische Abwehr des Patienten wird durch gezielt ins Mobiliar eingearbeitete Defekte unterlaufen. Minderwertigkeitsgefühle können so mit Hilfe des Designs schneller thematisiert werden. Beachten Sie bitte im Hintergrund die Urlaubserinnerung des Analytikers mit dem Titel *Männlicher Protest*.

Modell Rangell

Bei gut ausgeprägten autonomen Ich-Funktionen und stabilen Ich-Grenzen hat sich unser Modell *Rangell* bewährt.
Es erlaubt ichpsychologisch-präzises Arbeiten in der ausgewogenen Analyse von Übertragung und Widerstand.

Das eher kühle Setting verhindert das vorschnelle Andrängen triebhafter Anteile.
Hervorragende Therapie-Erfolge lassen sich mit diesem Environment bei höheren Beamten und Börsianern erzielen.
Beachten Sie bitte die Foto-Tapete *Wimbledon*.

Modell Eissler

Falls weiterhin eine ichpsychologische Analyse indiziert ist, obwohl Hinweise für eine Ich-Schwäche vorliegen, empfehlen wir unser Modell *Eissler*. Eine integrierte Streckenüberwachung verhindert Kollisionen auch bei ausgeprägter Nähe-Distanz-Problematik. Bei Störungen lassen sich spielend Parameter einsetzen:

In unserer Abbildung sehen Sie in Reichweite des Analytikers das Sortiment *Calmofix*. Beachten Sie bitte die dezent in den Teppich eingearbeitete Distanzanzeige. Unser Standardmodell liefern wir in Ferrari-Rot und ADAC-Gelb, als tiefergelegte Sonderanfertigung auch mit Spoilern und in Silberpfeil-Metallic-Lackierung.

Modell Klein

Sollte sich der Zugang über das Ich des Kunden als wenig effektiv erweisen, so erlaubt unser Modell *Klein* durchgreifende Erfolge in der Bearbeitung ausgeprägter destruktiver Fantasien.
Der eigenwillige Sessel *Wilfred* ermöglicht ein Containing exzessiver projektiver Anteile – unentbehrlich bei hartnäckigem Verweilen der Patienten in der paranoid-schizoiden Position sowie bei einem Überschuss an Beta-Elementen.
Unsere Couch *Melanie* weist einen Patent-Reißverschluss auf. Dadurch kann ihr Inhalt ohne Mühe erforscht werden. In Reichweite des Analytikers befinden sich die Alpha-Tools. Diese sind besonders hilfreich, wenn der Patient die Beta-Schleuder einsetzt.
Beachten Sie bitte am linken Bildrand unseren Leuchtkörper *Vereinigtes Elternpaar*.

Modell Winnicott

Fühlt sich der Analysand durch das Environment *Klein* überfordert, empfehlen wir unser Modell *Winnicott*. Es ermöglicht Patienten, die durch hartnäckige Deutungen erschöpft sind, einen Übergangsraum. Darin stehen vielfältige Mittel zur Verfügung, mit denen die analytische Situation kreativ ausgestaltet werden kann. Durch die Möglichkeit eines intensiven Holdings sowie einer Regression auf Abhängigkeitsniveau erhöht sich bei diesem Setting die Wahrscheinlichkeit eines Neubeginns auf stolze 80% – unentbehrlich auch bei frühen Deprivationen!

Modell Kohut

Falls auch das vorige Setting noch zu massiven narzisstischen Kränkungen führt, empfehlen wir unser Modell *Kohut*.
Hier wird tiefes empathisches Verstehen bis hin zum empathischen Eintauchen ermöglicht.

Der Sauerstoff-Vorrat reicht ohne Probleme über 50 Minuten.
Aus Sicherheitsgründen empfehlen wir dieses Modell nur Kolleginnen und Kollegen mit dem Zusatztitel *FahrtenschwimmerIn*.

Modell Balint

Diese Variante erlaubt es, sogar noch bei Patienten mit gravierenden Grundstörungen regressive Erlebnisse therapeutisch zu gestalten. Durch das Setting (beachten Sie bitte das Wasserbett *Poseidon* und den Sessel *Doppelherz*) gelingt es – auch bei Störungen in frühesten Phasen –, eine Entwicklung durch eine herzliche und wachstumsfördernde Atmosphäre zu erreichen. Hier wird auch für schwer Traumatisierte alles wieder gut. Primäre Liebe besiegt jeden Schmerz.

Modell Lacan

Geht es darum, die dyadischen Ebenen der imaginären Symbiose, Dualunion und Verschmelzung mit rettenden Signifikanten zu strukturieren, empfehlen wir unsere Einrichtung *Lacan*.
Statistiken zeigen drastische Erfolge bei Dozenten für Germanistik und Literaturwissenschaftlern sowie bei Briefmarkensammlern.
Bei starker Neigung zur Intellektualisierung werden dagegen weniger günstige Therapieverläufe berichtet. Beachten Sie bitte hinter dem Sessel des Analytikers das Graffiti aus dem Nachlass Lacans.

Modell Kernberg

Die psychoanalytische Behandlung von schwer gestörten Patienten bedeutet immer ein Wagnis. Es ist mit starken Spaltungen und manchmal auch mit antisozialen Tendenzen zu rechnen. In solchen Fällen empfehlen wir unsere *Kernberg-Ausstattung*. Sie schützt den Analytiker vor archaischen Übertragungsattacken und sadistischen Überich-Vorläufern. Robustes Mobiliar gewährleistet eine Situation, in der jeder Analytiker ruhig und systematisierend nachdenken kann. Am Kopfende der gespaltenen, aber stabil verklammerten Couch sehen Sie unsere beliebten Jutekissen arrangiert.

Um regressiven bzw. extrem unrealistischen Idealisierungen vorzubeugen, ist am rechten Couchrand ein Rückspiegel installiert. Gefährlich erscheinende Übertragungsdeutungen lassen sich mit Hilfe der Angelrute *Petri-Boy* schriftlich applizieren. Bereits in den Vorgesprächen kann es dazu kommen, dass der Analytiker von schwierigen Patienten körperlich bedroht wird. In solchen Momenten großer Gefahr kann der am linken Bildrand zu erkennende Lampenschirm *Sonne von Eschnapur* zum Fangnetz umfunktionalisiert werden.

Modell Sandler et al.

Planen Sie, Ihre Praxis im Souterrain einzurichten, empfehlen wir dieses Environment. Es gewährleistet, dass der Analytiker die Übertragungsvorgänge adäquat erfasst. Durch die räumliche Gestaltung des Behandlungszimmers ist es möglich, die richtige Tiefendimension des Unbewussten aus dem Kellergewölbe *Poe et al.* emporsteigen zu lassen. So ist eine flexible Rollenübernahme im Übertragungsgeschehen gewährleistet. Dazu bietet auch die üppig bestückte Garderobe dem Analytiker alle Möglichkeiten – sowohl aktuelles wie auch vergangenes Unbewusstes kann sich hier in Szene setzen.

Modell Khan

Hier sehen Sie eine unserer exquisitesten Ausstattungen. Als Übergangsraum wird dem Patienten ein Onyx-Becken angeboten, worin sich phasenadäquate Frustrationen durcharbeiten lassen. Um kumulative Traumatisierungen zu verhindern, stehen dem Therapeuten sowohl Angelschnur und Köder als auch unser Bambus-Sichtschutz *Protectve Shield* zur Verfügung.

Dieses Setting eignet sich vor allem für Oberschichtpatienten. Der vergleichsweise hohe Anschaffungspreis lässt sich jedoch durch den fünfeinhalbfachen Kassensatz spielend wieder hereinwirtschaften.

Modell Argelander

Diese Variante eignet sich ausgezeichnet zur szenischen Ausgestaltung und Intervention.
Vor allem bei alexithymen Patienten ein Muss.
Lieferbar sind dazu das klassische Puppenset mit Kasper, Gretel, Polizist und Teufel sowie das klassizistische Set mit Ödipus, Iokaste, Laios und der Sphinx.
Falls der Analytiker selbst in Erscheinung treten will, steht ihm – hier am rechten Bildrand zu sehen – ein Schminktisch zur Verfügung.

Modell Richter

Diese postmoderne Ausstattung ermöglicht es, die Indikation für psychoanalytisches Arbeiten auch auf gesellschaftliche Prozesse und Gegebenheiten auszudehnen.
Entsprechend der veränderten Rolle des Analytikers dient die Sesselcouch als Schnittstelle sozialer Kräfte und Bewegungen. Sie ist mit Hilfe eines Arretiermechanismus in der Lage, dem Ansturm andrängender Massen standzuhalten. Durch den eingebauten Turbodiesel-Motor ist gleichzeitig eine sichere Flucht möglich, nach der dann selbstanalytisch die eigene Position geklärt werden kann und so Schuldängste überwunden werden können. Das Periskop-Fernrohr erlaubt dabei, den Kontakt zu sozialen Realitäten nicht abreißen zu lassen. Durch telefonische Standleitungen und das umfangreiche EDV-Equipment bleibt der Benutzer offen für aktuelle gesellschaftspolitische Trends.

Modell Moser

Bei diesem modernen Ambiente verschwimmt die Couch zu einer Landschaft. Patienten, die einfach mehr brauchen als Worte, erhalten in diesem körpertherapeutischen Erlebnispark die Möglichkeit, sich unter Umgehung störender Denkprozesse wieder ihren kindlichen Anteilen zuzuwenden.

Schlüsselloch, Schere und Wasserpistole erlauben ein echtes ödipales Konkurrieren zwischen Analytiker und Patient, Schnallbrust und frische Bananen eine spielerische Überwindung auch schwerwiegender oraler Versagungen.
Im Hintergrund einige Objekte zum Abreagieren deutungsresistenter Neid- und Hassgefühle.

Modell Ulm

Im Zeitalter der empirischen Psychotherapieforschung und Qualitätssicherung immer unentbehrlicher, ja mittlerweile unverzichtbar: das Modell *Ulm*. Es erlaubt die simultane Aufzeichnung des therapeutischen Prozesses mit der zeitgleichen Dokumentation immunulogischer und physiologischer Parameter. Die therapeutische Abstinenz wird durch die Einwegscheibe und die Gegensprechanlage gesichert. Für anspruchsvolle Kunden auch mit integriertem Brainmapping und Magnetresonanztomographen lieferbar.

Modell Mobile analytische Ambulanz

Seit Kurzem ist diese mobile analytische Ambulanz lieferbar. Sie ermöglicht eine Anpassung der psychoanalytischen Praxis an moderne Lebensgewohnheiten. Dadurch wird auch bei beruflich angespannten Patienten eine Analyse möglich, da lange Anfahrtswege entfallen.

Agoraphobikern kann mit diesem Modell weitgehend entgegengekommen werden.
Außerdem erlaubt es, Niederlassungssperren weiträumig zu umfahren. Der Analytiker benötigt allerdings neben einer gültigen KV-Zulassung einen Führerschein der Klasse 2.

Modell Pressure Relief

Bei der Indikation für eine psychoanalytische Psychotherapie im Sitzen hat sich unser Modell *Pressure Relief* bewährt.
Hier sehen Sie eine Ausstattung aus unserer Serie differenzieller und gleichzeitig benutzerfreundlicher Environments. Dieses Setting ermöglicht die Überwindung hartnäckiger Widerstände und Abwehrmechanismen.

Wir garantieren perfekte Heilungen auch bei chronifizierten Zwangskrankheiten.
Die therapeutische Beziehung lässt sich durch eine stufenlose Hydraulik variieren. Kopfstützen und Armlehnen sind aus Edel-Frottee gearbeitet.
Der therapeutische Rahmen wird durch einen leichteren Zugang des Analytikers zu Papierrolle und Uhrzeit gesichert.

Modell Mentzos

In diesem mediterranen Ambiente fühlen sich neben klassischen Hysterien und Angstneurosen auch psychotische Patienten aufgehoben und verstanden. Bemerkenswert ist der Kontrast zwischen der scheinbaren Schlichtheit der Garnitur und der verborgenen hochkomplexen Behandlungsmechanik.

Beachten Sie bitte die raffiniert im Interieur eingearbeiteten Dilemmata. Im Hintergrund ein am Mast festgebundener griechischer Landsmann, der sich auch erfolgreich gegen den Gesang der postkleinianischen Sirenen zur Wehr setzen kann.

Glossar

FREUD, SIGMUND (1856-1939)

Begründer der Psychoanalyse. Freud begann seine therapeutische Arbeit mit Hilfe der Hypnose und der sogenannten Kopfdruckmethode. Beide Methoden sollten das Bewusstwerden von verdrängten Erinnerungen erleichtern, erwiesen sich aber als wenig erfolgreich. Freud gelangte schließlich zur Methode der freien Assoziation, wobei der Patient auf einer Couch liegt und sagt, was ihm in den Sinn kommt. Er sieht dabei den Analytiker nicht, der in einem Sessel am Kopfende der Couch sitzt. Von dort aus folgt er den Einfällen des Analysanden mit freischwebender Aufmerksamkeit und verlässt bei seinen Deutungen seinen Sessel nicht. Diese Anordnung des Mobiliars und seiner Benutzer wird als das klassische Setting bezeichnet.

JUNG, CARL GUSTAV (1875-1961)

Jung, Schweizer Psychoanalytiker, galt lange Jahre als enger Vertrauter und „Thronfolger" Freuds, entwickelte aber in Auseinandersetzung mit diesem eine eigene tiefpsychologische Richtung. Hierin spielt neben dem individuellen Unbewussten das kollektive Unbewusste mit den Archetypen (z. B. Animus und Anima) eine entscheidende Rolle. Jung entwickelte auch eine *Psychologische Typenlehre;* in sein Werk gingen in starkem Maße fernöstliche Einflüsse ein.

FERENCZI, SANDOR (1873-1933)

Ferenczi, der von Freud im Spazierengehen analysiert worden war, wendete sich in späteren Jahren einer *aktiven Therapie* zu. Dabei schlug er unter anderem vor, dass Analysand und Analytiker einen Rollentausch vornehmen („mutuelle Analyse"). Diese neuen technischen Verfahren stießen bei Freud auf energische Ablehnung und wurden von einigen (z. B. Ernest Jones) sogar als Folgen der Erkrankung Ferenczis, der an einer perniziösen Anämie starb, in Zusammenhang gebracht.

ADLER, ALFRED (1870-1937)

Adler gilt nach seinem Bruch mit Freud als Begründer der Individualpsychologie. Nach seiner Auffassung liegen psychischen Störungen Organminderwertigkeiten zu Grunde. Das daraus resultierende Minderwertigkeitsgefühl wird durch Geltungsstreben kompensiert. Die Neurose stellt so einen missglückten Kompensationsversuch dar. Adler engagierte sich als Sozialist auch für die arbeitende Bevölkerung.

RANGELL, LEO (1913-2011)

Rangell war innerhalb der Psychoanalyse lange in leitender Funktion beschäftigt und heimste auch eine Unmenge wissenschaftlicher Ehrungen ein. Er gilt als ein Vertreter der Ich-Psychologie, wozu er viele wichtige Beiträge lieferte. So betonte er die Rolle des Ich beim Fällen von Entscheidungen, ein Vorgang, der nach seiner Meinung unabhängig vom Triebleben vonstattengeht. Rangell sah den idealen Analytiker vergleichbar mit einem Schiedsrichter im Tennis, der unparteiisch das Spiel (die Beziehung zwischen Analytiker und Analysand) betrachtet.

EISSLER, KURT R. (1908-1999)

Eissler war der Gründer des Freud-Archivs in New York. Er hat eine monumentale Studie über Goethe und Charlotte von Stein verfasst.
In der Behandlungstechnik hat er den Begriff des „Parameters" eingeführt. Dies bedeutet unanalytische Elemente, wie z. B. konkrete Hilfestellungen des Analytikers, die vorübergehend in der Arbeit mit schwer gestörten Menschen einsetzbar sind. Eissler befasste sich auch mit der Problematik, die sich für den Analytiker ergibt, zum Analysanden ein förderliches Gleichgewicht zwischen Nähe und Distanz herzustellen.

KLEIN, MELANIE (1882-1960)

Melanie Klein gilt als wichtige Kinderanalytikerin und Begründerin der Objektbeziehungstheorie. Nach ihrer Ansicht hat bereits der Säugling ein archaisches Fantasieleben. In den Fantasien finden sich sowohl die mütterliche Brust („gute" und „böse Brust"), der väterliche Penis sowie der elterliche Geschlechtsverkehr. W. Bion, der wichtigste Nachfolger M. Kleins, betont, dass der Analytiker dazu in der Lage sein muss, die archaische Aggression („Beta-Elemente") des auf Säuglingsniveau regredierten Patienten aufzunehmen und psychisch zu verdauen („containing").

WINNICOTT, DONALD W. (1896-1971)

Winnicott befasste sich als Kinderarzt intensiv mit den frühen Phasen der kindlichen Entwicklung. Er entwickelte das Konzept der Übergangsphänomene. Diese fungieren als Vermittler zwischen der von der Mutter bereitgestellten Illusion des Säuglings, seine Welt selbst zu erschaffen, und der Realität.

Als Übergangsobjekte dienen dem Säugling oft Deckenzipfel, dem Kleinkind Stofftiere. Später entwickelt sich daraus ein kreativer Gebrauch von Kunst und Religion. In der Psychoanalyse konzentriert sich der Analytiker vor allem auf frühe Erfahrungen zwischen Mutter und Kind.

KOHUT, HEINZ (1913-1981)

Kohut gilt als Begründer der Selbstpsychologie. In Abgrenzung zur Freudschen Triebtheorie wird die Erkrankung des Patienten als Folge von schweren Kränkungen des Selbstwertgefühls (Narzissmus) verstanden. Zu Grunde liegt ein Empathiemangel der primären Beziehungspersonen. Dieser wird durch eine entsprechend einfühlsame Haltung des Analytikers korrigierend nacherlebt (emphatisches Spiegeln mit phasenadäquaten Frustrationen).

BALINT, MICHAEL (1896-1970)
Balint vertrat die Auffassung, die gestörte Entwicklung der Analysanden, die an einer Grundstörung, das heißt einer Störung der frühen Mutter-Kind-Beziehung leiden, sei durch eine therapeutische Regression heilbar. Dabei begibt sich der Patient aufgrund der primären Mütterlichkeit des Analytikers auf eine Ebene des psychischen Funktionierens, die vor dem Beginn seiner Fehlentwicklung liegt. Von Balint werden Geschichten kolportiert, dass er sein Behandlungszimmer mit Rosen verschönt haben soll, mit seinen Patienten Tee trank und ihnen während der Analyse die Hand hielt, was als grobe Verletzung der Abstinenzregel angesehen wurde.

LACAN, JACQUES (1901-1981)
Lacan, der sich als wahren Schüler Freuds sah, versuchte, die Theorie der Psychoanalyse durch einen Rückgriff auf Strukturalismus und Linguistik zu begründen. Das Unbewusste sei wie eine Sprache gebaut. Lacan versuchte auch, die Vorgänge innerhalb einer psychoanalytischen Behandlung quasi mathematisch zu formalisieren. A = der Große Andere (le grand Autre), a = das Objekt. S = das Subjekt usw.
Lacan wurde 1951 aus der internationalen Psychoanalytischen Vereinigung ausgeschlossen. Dabei spielten seine ketzerischen, die symbolische Ordnung überbetonenden Konzepte sowie Eigenwilligkeiten bei der Praxisführung eine Rolle.

KERNBERG, OTTO F. (geb. 1928)
Kernberg hat wesentliche Beiträge zu Verständnis und Therapie der Borderline-Persönlichkeitsstörungen geliefert. Bei diesen kommt es zu einer Aufspaltung in den Objektbeziehungen und in der Beziehung zum Selbst. „Gute" und „böse" Anteile sind nicht integrierbar.
In der Therapie wird versucht, diese Spaltung rückgängig zu machen. Kernberg stellt sich, so wird von einigen behauptet, dieser Aufgabe auf eher energische Weise. Seine frühen Werke sind durch ihre feingliedrige Klassifizierung der Störungsbilder bekannt.

SANDLER, JOSEPH (1927-1998)
Sandler führte die Unterscheidung zwischen dem aktuellen und dem vergangenen Unbewussten ein. Er legte auch ein rollentheoretisches Konzept der psychoanalytischen Behandlung vor. Er veröffentlichte meist mit Coautoren und hatte hohe Ämter innerhalb der Psychoanalyse inne.

KHAN, MASUD (1924-1989)

Khan hat u. a. einige vielbeachtete Publikationen über Perversionen vorgelegt. Sein oft unbeherrschtes Verhalten und sein großzügiger Lebensstil, zu dem er die nötigen finanziellen Mittel besaß, schufen ihm auch viele Feinde.

Khan wurde wegen Grenzüberschreitungen aus der Britischen Psychoanalytischen Vereinigung ausgeschlossen. Von Khan stammen die Begriffe des kumulativen Traumas und des *protective shield* (Mutter als Schutzschild).

ARGELANDER, HERMANN (1920-2004)

Argelander beschäftigte sich sehr mit Mikroprozessen in der psychoanalytischen Situation. Seine Veröffentlichungen zeichnen sich durch die genaue und wortgewandt beschriebene Beobachtung der Szene zwischen Analytiker und Patient aus. Aus seiner Sicht stellt der Patient seine Geschichte nicht nur verbal, sondern auch innerhalb einer unbewussten Inszenierung dar, in die er auch den Analytiker miteinbezieht.

RICHTER, HORST-EBERHARD (1923-2011)

Richter gilt als ein vielseitiger Anwender der Psychoanalyse. Seine Forschungen erstreckten sich auf familiäre Pathologien sowie auf sozialpsychologische Zusammenhänge.
In seinen zahlreichen Publikationen gibt er seinem Leser auch Einblicke in seine Biografie.

MOSER, TILMANN (geb. 1939)

Moser hat die Psychoanalyse mit körpertherapeutischen Elementen verbunden und damit heftige Kontroversen ausgelöst. Seine umstrittene Methode hat er in zahlreichen Publikationen dargelegt und auf Video festgehalten.

ULM

Ulm (zwischen München und Stuttgart) gilt als Zentrum der empirischen Forschung innerhalb der deutschen Psychoanalyse. Dabei werden technische Möglichkeiten bei der Dokumentation und Auswertung von Therapieprozessen großzügig verwendet. Einige Kritiker sind der Meinung, dass dieser Forschungsansatz, was die therapeutische Beziehung betrifft, nicht übermäßig vorteilhaft ist.

MENTZOS, STAVROS (geb. 1930)

Mentzos hat vielbeachtete Arbeiten zur Neurosenpsychologie und Sozialpsychologie vorgelegt und in späteren Jahren ein Modell der Psychosen entwickelt, das sich innerhalb der Psychoanalyse und Psychiatrie als sehr einflussreich erwiesen hat. Mentzos gilt als Meister darin, komplizierte Zusammenhänge in eine fast unscheinbare und einfache Form zu bringen. Bei einigen seiner zahlreichen Schüler hält sich das hartnäckige Gerücht von verwandtschaftlichen Beziehungen zwischen Mentzos und dem antiken Odysseus.